Eine Kindheit in Sankt Jürgen

Eine Kindheit in Sankt Jürgen

Erinnerungen von Hella Oehlerking

Aufgezeichnet von Carsten Jäger

Bibliografische Informationen der Deutschen Nationalbibliothek
Die Deutsche Nationalbibliothek verzeichnet diese Publikation in der Deutschen Nationalbibliographie; detaillierte bibliografische Daten sind im Internet über http://dnb.d-nb.de abrufbar.

© Copyright bei Carsten Jäger, Berlin 2009
Umschlaggestaltung: GMK-Werbemittel GbR, Bremen
Satz: GMK-Werbemittel GbR, Bremen
Herstellung und Verlag: Books on Demand GmbH, Norderstedt
Printed in Germany
ISBN 3-837-08707-7
ISBN-13 978-3-837-08707-9

Vorwort

"Ach, das ist doch schon so lange her. Da war ich doch noch so klein." Diese und ähnliche Abwehrversuche habe ich zunächst häufiger gehört, wenn ich meine Großmutter nach ihrer Kindheit in Sankt Jürgen fragte. Am Telefon kam oft noch die fast empörte Zwischenfrage: "Du hast da doch kein Tonband laufen?" Ich beruhigte sie damit, daß ich mir nur ein paar Notizen machte. Ihre ersten Reaktionen habe ich als Form der Bescheidenheit gesehen und nicht als Erinnerungsverweigerung. Denn einzelne Episoden und Anekdoten erzählt meine Großmutter seit Jahren immer wieder und manche sind zu geflügelten Worten in unserer Familie geworden. Nur aufgeschrieben wurden sie bislang nicht. Mit meinem Interesse stieg auch die Bereitschaft meiner Großmutter, von früher zu berichten. Ich bekam nun sogar Handschriftliches von ihr zugesandt.

So entstand diese kleine Sammlung. Aus den einzelnen Szenen mag sich ein Bild zusammenfügen und die individuelle "Wahrheit" dieser einen Kindheit in Sankt Jürgen deutlich werden. Eingefangen und wiedergegeben werden soll etwas von der besonderen Atmosphäre der Kirchwarft.

Erinnerungen sind kleine Schätze, die in jedem Menschen schlummern und nur darauf warten, gehoben zu werden, bevor sie unwiederbringlich verloren gehen.

In diesem Sinne möge dieses Bändchen zum Suchen und Finden anregen.

Carsten Jäger
Berlin, im Februar 2009

Ankunft

Niemand meiner Vorfahren stammte aus dem Kirchspiel Sankt Jürgen. Und doch sind wohl Heimweh und die Sehnsucht nach den eigenen Wurzeln für meinen Vater die entscheidenden Gründe gewesen, 1922 von Ritterhude nach Sankt Jürgen zu ziehen. Was viele abschreckte, wirkte auf ihn sehr anziehend: die Weite, die Ruhe, die Einsamkeit der Sankt Jürgener Kirchwarft. Hier fühlte er sich an sein kleines Heimatdorf Intschede erinnert. Nicht weit von Verden beschaulich an der Weser gelegen, bewirtschaftete seine Familie dort seit Jahrhunderten eine uralte Hofstelle. Da mein Vater als zweitgeborener Sohn den Hof nicht übernehmen konnte, hatte er sich, wohl auch seiner musischen Interessen wegen, für den Lehrerberuf entschieden. Seine Liebe zum ländlichen Leben blieb. Als ein befreundeter Lehrer die Abgeschiedenheit in Sankt Jürgen nicht mehr ertrug, nutzte mein Vater die Gelegenheit zum Tausch und zog mit meiner Mutter aus dem fast schon kleinstädtischen Ritterhude auf die "Insel im Grünen", wie der Dichter Diedrich Speckmann Sankt Jürgen nannte. Meine Mutter mußte dazu nicht lange überredet werden. Sie stammte von der Ritterhuder Schleuse und hatte seit klein auf immer mit Neugier zu der rot leuchtenden Sankt Jürgener Kirchturmspitze hinübergeblickt, die jenseits der Hamme mitten in der weiten Wiesenlandschaft den Horizont unterbrach.

Geburt

Als meine Mutter mit mir im Januar 1923 im Wochenbett lag, kam eines Tages auch die Frau des Ritterhuder Pastors zu einem Besuch nach Sankt Jürgen. Durch die regelmäßigen Vertretungen, die ihr Mann in Sankt Jürgen machte, war "Frau Pastor" mit meinen Eltern gut bekannt. Meine Mutter war für diese Abwechselung sicher dankbar, dauerte die Schonzeit für junge Mütter doch damals tatsächlich einige Wochen. Bei der Besucherin habe ich offensichtlich einen bleibenden Eindruck gemacht. Als

Opa Blendermann, unser Sankt Jürgener Kirchdiener, Frau Pastor mit Pferd und Wagen zurück nach Ritterhude fuhr, offenbarte sie ihre Erschütterung: "Nee, nee, nee, wie is dat möglich, dat Fro Müller, dese hübsche Person, son häßliches Baby het?"

Kinderparadies

Ich durfte in einem Paradies aufwachsen. In einem Paradies für Kinder - so erscheint es mir in der lebendigen Erinnerung. Nicht, daß es in Sankt Jürgen außer mir viele Kinder gab. Mit den älteren Pastorenkindern habe ich nur gelegentlich gespielt, und die Niederender Freundinnen wohnten doch eine ganze Ecke weg, so daß ich oft allein spielen mußte. Die Einfachheit und Beschränktheit der Spielsachen und kindlichen Unterhaltungsangebote muß ohne Fernseher, Radio und Technikschnickschnack aus heutiger Sicht überaus dürftig erscheinen. Dennoch habe ich mich nie gelangweilt. Im Sommer spielte ich unter einer ausgehöhlten Buche mit meinen Puppen. Ich fühlte mich oft wie eine kleine Prinzessin auf einer Insel mit endlosen Freiheiten, Abenteuern und Geheimnissen.

Das Haus

Schon unser Haus steckte voller Möglichkeiten. Wir wohnten im hinteren Teil des Küsterhauses. Vorne, zum Kirchplatz hin, lagen Stall, Mädchenzimmer, Schulraum und Schankzimmer. Auf der linken Seite, zur Kirche hin, kam zunächst das Klassenzimmer, dann der Schankraum. Hinten raus zum Garten waren drei Zimmer: Das Schlafzimmer der Eltern, das Eßzimmer und das Wohnzimmer. Oben gab es noch drei Zimmer, ein großes und zwei kleine, die für Gäste genutzt wurden.

Als meine Eltern als junges Lehrerehepaar nach Sankt Jürgen kamen, gab es dort weder Strom noch Leitungswasser – Pumpen waren in der Waschküche und im Stall. Es gab ein Plumpsklosett, zu dem man auch noch einen weiten Weg gehen mußte: Von der Wohnung über den Flur, durch die Küche, die Waschküche bis ans Ende vom Stall, wo sich gegenüber dem Schweinekoven das Stille Örtchen befand. Die Tür, in der eine herzförmige Öffnung ausgespart war, konnte man immerhin verriegeln. In der Wand steckte ein großer Nagel, an dem – passend nach Maß – geschnittenes Zeitungspapier hing. Heute undenkbar! Für nächtliche Toilettengänge stand neben dem Bett meiner Eltern eine Petroleumlampe bereit, mit der mein Vater meiner Mutter dann auf dem langen Weg durch Haus und Stall den Weg leuchtete.

Versorgung

Die Versorgung mit Lebensmitteln ist für Inseln eine besondere Herausforderung – das galt auch für Sankt Jürgen, unsere Insel im Grünen. Wenn es das Wetter zuließ und der Weg eis- und wasserfrei war, kam einmal in der Woche Dietrich Wendelken zu uns. Dieser Vetter meiner Mutter betrieb in Ritterhude (an der Ecke Struckberg / Bremer Landstraße) ein kleines aber gut gehendes Kolonialwarengeschäft. Ich sehnte jede Woche den Tag herbei, wenn der vollgestopfte Lieferwagen den Weg herknatterte und etwas Abwechselung in unsere Abgeschiedenheit brachte. Ich weiß nicht, ob unser Versorger nur aus familiärer Verbundenheit oder auch aus Abenteuerlust Tee, Kaffee, Mehl, Zucker und Haushaltwaren zu uns brachte. Ein kurzer Klönschnack gehörte immer dazu, und auf diese Weise wurden meine

Eltern zugleich mit den neuesten Nachrichten aus Ritterhude versorgt. Ich durfte mir am Ende immer einen Lutscher aussuchen – am liebsten mit Himbeergeschmack.

In dem großen Nutzgarten hinter dem Haus pflanzten meine Eltern alle erdenklichen Arten von Gemüse und Kräutern an. Was im Frühling, Sommer und Herbst nicht sofort verbraucht wurde, machte meine Mutter mit den Hausmädchen in großen Gläsern für den Winter ein: Erbsen, Wurzeln, Bohnen, Salzbohnen, Radieschen, Weißkohl für Sauerkraut. Dazu Erdbeeren, Johannisbeeren, Stachelbeeren und Himbeeren für leckere Kompotte und Marmeladen. Die Obstbäume spendeten Äpfel, Birnen und Pflaumen. Nur Spargel wurde nicht angebaut, wahrscheinlich weil der Boden dafür zu schwer und feucht war. Zur Spargelzeit schickte uns deshalb mein Onkel aus Intschede regelmäßig per Express ein Paket. Vom Güterbahnhof in Ritterhude holte mein Vater den morgens frisch gestochenen Spargel ab, damit wir ihn noch am gleichen Tag genießen und einmachen konnten. Ich esse ihn bis heute am liebsten so, wie meine Mutter ihn zubereitete: mit geräuchertem Schinken, Frühkartoffeln, viel klarer Buttersoße und frischer Petersilie.

Da wir immer mindestens ein Schwein fett machten, kam im Winter mein Großvater von der Ritterhuder Schleuse zum Wurstmachen. Bevor er Schleusenwärter wurde, hatte er eine Schlachterlehre gemacht. Als Vollwaise war er bei dem Ritterhuder Schlachter Reuter aufgewachsen. Ich mochte ihn sehr, habe aber immer gekniffen, wenn er unserem Schwein an den Kragen ging. Meistens habe ich mich auf dem Scheunenboden versteckt, wo ich eigentlich gar nicht hin durfte. Aber irgend etwas habe ich doch jedes mal mitbekommen. Das Quieken habe ich noch im Ohr und das Bild des ausgenommenen Schweins, dessen Hälften an eine Leiter gebunden vorm Haus standen, habe ich noch vor Augen. Die Wurst wurde danach übrigens auf der Diele von Opa Blendermanns Haus geräuchert.

Flotte Bienen

Seit seinen Jugendtagen war mein Vater ein begeisterter Imker. Seine Bienenvölker waren sein ganzer Stolz. Zehn Körbe standen unten im Gemüsegarten hinter unserem Haus. Wir Kinder hielten immer respektvollen Abstand. Mein Vater näherte sich seinen geliebten Bienen nur mit der Imkerhaube, wurde aber natürlich dennoch gelegentlich gestochen. Wer genießen will, muß leiden! Einmal war wieder sein Vetter Willi Müffelmann zu Besuch, der Lehrer im nahen Mittelbauer war. Weil mein Vater gerade hinten bei den Bienenstöcken war, ging auch er schnurstracks in den Garten. Zumindest eine Biene war über den überraschenden Besucher nicht ganz so erfreut und stach ihm direkt auf seine ohnehin schon markante Nase. Es fiel uns nicht leicht, ein prustendes Lachen zu unterdrücken. Immerhin wurde unser Besucher mit einem Glas goldklarem Honig versöhnt, den mein Vater selbst mit der Schleuder in unserer Waschküche produziert hatte.

Leibspeisen

Trotz meines Mitleids für unsere Schweine habe ich als Kind gern Fleisch und Wurst gegessen. Allerdings wurde man auch nicht groß nach seinen Vorlieben gefragt. Besonders Knipp habe ich sehr gern gegessen, wenn wir frisch geschlachtet hatten. Auch Hafergrützsuppe habe ich gern gemocht. Mittags gab es oft warmen Pudding und vorher Tomatensuppe oder Hühnerbrühe. Etwas ganz Besonderes war es, wenn meine Mutter Brötchen aus Ritterhude mitbrachte. Ich glaube von Bäcker Heilshorn, mit dessen Tochter ich später befreundet war. Die Brötchen wurden auf Zeitungspapier auf dem Ofen aufgekroßt. Den Duft habe ich noch in der Nase.

Mengel-Brot

Ich frage mich, ob es heute noch irgendwo "Mengel-Brot" zu kaufen gibt, wie es uns damals nach Sankt Jürgen geliefert wurde. Dieses Mischbrot aus hellem und dunklem Mehl galt es sehr verträglich. Da unser Pastor einen empfindlichen Magen hatte, kamen auch wir gelegentlich in den Genuß dieses besonderen Brotes. Wie es zu seinem Namen kam, weiß ich nicht. Wahrscheinlich von "vermengen". Denn eine Mischung aus gutem Graubrot und gutem Schwarzbrot kann ja nichts mit einem Mangel zu tun haben. Heute wäre es wahrscheinlich eine "Delikatesse".

Hausmädchen

Sie hießen Matti (Martha) oder Gesine, kamen aus dem Rheinland, aus Ritterhude oder vom Moor. Sie lebten nicht nur bei uns, sondern mit uns. Besonders erinnere ich mich an Matti, die mehrere Jahre bei uns war und die ich heiß und innig liebte. Zum Aufpäppeln kamen für einen Sommer auch ihre beiden Schwestern aus dem Rheinland zu uns nach Sankt Jürgen. Die eine, Mariechen, blieb schließlich in der Gegend und heiratete den Besitzer von Café Jacobs in der Bremer Knochenhauerstraße.

Gastwirtschaft

Der Ausschank gehörte seit jeher zu den Pflichten der Küsterfamilie. Der große Raum war extra für die Kirchgänger eingerichtet worden, im Winter zum Aufwärmen bei heißem Grog, im Sommer für eine Erfrischung durch kühle Limonade. Da mein Vater nicht gern bediente und sich auch immer schon auf das Orgelspiel vorbereitete, mußten meine Mutter und unser Mädchen vor den Gottesdiensten die Kirchgänger versorgen. Hier sprachen alle Platt. Ich fand es immer anziehend, dem Klönschnack der Großen zuzuhören und die neuesten Anekdoten und Geschichten aufzuschnappen.

Grudeofen

Eine Besonderheit gab es in der Küche des Pastorenhauses: einen sogenannten Grudeofen, der fast wie ein gewöhnlicher Schrank aussah. Dieser Ofen wurde mit heißer Asche oder mit Grudekoks befüllt und sorgte für das sparsame und schonende Garen der vorher angekochten oder gebratenen Speisen. Was aus heutiger

Sicht umweltbewußt und modern erscheinen mag, galt damals eher als rückständig. So können sich die Moden und Ansichten ändern!

Opa Blendermann

Die Sonntage begannen für uns immer schon am Sonnabendnachmittag. Pünktlich um 18.00 Uhr läutete "Opa Blendermann", wie er von allen genannt wurde, den Sonntag ein. Opa Blendermann wohnte in Niederende und war der Glöckner und Totengräber der Kirchengemeinde. Ich mochte ihn sehr. Nach getaner Arbeit bekam er zur Stärkung oft einige Schnäpse von meiner Mutter. Bei gutem Wetter saß er dann noch mit meinem Vater und, wenn er zu Besuch war, mit meinem "Opa Intschen" (aus Intschede) auf einer Bank vor dem Schulraum und klönte über Land und Leute. Ich spitzte die Ohren, verhielt mich mucksmäuschenstill, sollte sicher auch nicht alles hören.

In der Schule

Mein Vater war ein sehr empfindsamer Mensch. Er stammte aus einer großen Familie, liebte den abendlichen Klönschnack vorm Haus und das gesellige Kartenspiel bei Bier und Zigarre.

Er war gemütvoll, konnte aber auch streng sein, wenn es sein mußte. Die Schüler hatten keine Angst vor ihm, aber Respekt. Denn mein Vater legte durchaus Wert auf Disziplin. Ich kann mich nur an ein einziges Mal erinnern, daß mein Vater den Rohrstock einsetzte. Einige der älteren Jungs hatten mich animiert, die Klassentür aufzureißen und laut „Hühnerkacke" hinein zu rufen. Es brachte meinen Vater so in Rage, ein kleines Mädchen für die eigenen Streiche vorzuschicken, daß er die Anstifter mit dem Stock zur Rechenschaft zog.

Gerechtigkeit war für ihn ein hohes Gut und er bemühte sich immer sehr darum, möglichst alle Schüler gleich zu behandeln. Oft verteilte mein Vater in der Pause Äpfel an uns. Es war sicher eine pädagogische Herausforderung für ihn, unterschiedliche Jahrgänge zeitgleich in einem Raum unterrichten zu müssen, den sechsjährigen Pöks wie den jungen Backfisch. Auch für mich gab es keine

Vorzugbehandlung. Meine Hausaufgaben wurden genauso abgefragt wie bei jedem anderen Schüler. Und bei Klassenarbeiten und Diktaten kannte ich keinesfalls vorher Aufgaben oder Text. Im Vergleich zu heutigen Schülern würden wir bestimmt als brav gelten. Es wäre uns nie in den Sinn gekommen, dem Lehrer frech zu widersprechen. Nur an eine Szene kindlicher „Aufmüpfigkeit" kann ich mich noch mit Schmunzeln erinnern. Der Aufforderung, in der Lesestunde einen kurzen Absatz vorzutragen, verweigerte sich der kleine Johann Murken aus Vierhausen mit den unmißverständlichen Worten: „Herr Müller, dat kann ick nich und dat will ick ok nich." Mein Vater mußte ein Lachen unterdrücken und antworte mit dem gebotenen Ernst: „Na Johann, dann üb´ man noch mal und dann liest Du mir das morgen vor!" Die meisten Schüler sprachen untereinander Platt, so wie sie das von zu Hause kannten. Mein Vater sprach mit uns aber bewußt immer nur Hochdeutsch.

Schultüten gab es zur Einschulung nicht. Die hätten sich manche Eltern wahrscheinlich auch gar nicht leisten können. Schulbeginn war morgens um acht. Die meisten Schüler kamen zu Fuß, nach kilometerlangen Wegen und oft barfuß. Im Winter kamen viele mit Schlittschuhen. Die mußten sich dann erstmal am Ofen aufwärmen, bevor an Unterricht zu denken war.

Als ich mit sechs Jahren eingeschult wurde, konnte ich zum Glück schon schreiben - natürlich in Sütterlin, wie damals noch üblich. Vielleicht lag das daran, daß ich vorher schon oft zum Zuhören mit in der ersten Reihe gesessen hatte. Die Kleinsten saßen ganz vorne, die großen 14jährigen ganz hinten. Ich wurde zusammen mit einem anderen Jungen eingeschult.

Mein Vater mit seinen Schülern um 1930

Reck-Stange

Vor unserem Küsterhaus stand eine Reckstange. Da übte ich mit Freundinnen oft den Felgenaufschwung oder ließ die Welt bei einem Schweinebaumel Kopf stehen. Ganz in Turnvater Jahns Sinn ertüchtigten auch die Schüler an unserer einzigen Sankt Jürgener Sportstätte ihre Leibeskräfte.

Heuernte

Auf der anderen Seite des Weges, unserem Haus direkt gegenüber, lag unsere Weide. Darauf grasten von Frühling bis Herbst unser Schimmel und unsere beiden Kühe. Ich kann mich noch gut an die Heuernte erinnern. Endlos blauer Himmel, Insektensummen und allgemeine Geschäftigkeit. Und ich mittenmang mit meiner kleinen Schiebkarre. Die Frauen auf den anderen Feldern mit ihren großen weißen Sonnenschutzhüten wirkten schon damals wie aus einer anderen Zeit. Wenn ich heute den Duft von frischem Heu rieche, bin ich in Gedanken sofort wieder in Sankt Jürgen. Das Heu wurde mit dem Handwagen bis zum Stall gefahren, wo mein Vater es mit der großen Forke auf den Boden warf. Und zwischendurch gab es leckeres Butterbrot und kühle Getränke.

Mitternachtsmahl

Meine Eltern waren schnell und freundlich in die Sankt Jürgener Dorfgemeinschaft aufgenommen worden. Nur mit den örtlichen Gewohnheiten und Gebräuchen hatten sie anfangs noch ihre Schwierigkeiten. Eines Tages wurden sie auf einen der Höfe zu einer großen "Gesellschaft" eingeladen, wie sie im Winter regelmäßig gegeben wurden. Für 17.00 Uhr, da vorher erst das Vieh versorgt und gemolken werden mußte. Es gab zunächst Kaffee, Kuchen und Berge von Torten. In Erwartung eines deftigen Abendbrotes hielt mein Vater sich zurück. Er war ohnehin kein Kuchenfreund. Nach der Kaffeetafel verzogen sich die Männer zum Kartenspielen in die "alte Stube" und nebelten sich ein - in der "besten Stube" saßen die Damen. Eine Kartenrunde nach der anderen wurde ausgeteilt und meinem Vater knurrte immer mehr der Magen. Fast bis Mitternacht mußte er "darben", erst dann gab es ein großes

Abendessen. So wurde mein Vater in Sankt Jürgen ab dem Tag unfreiwillig zum Kuchenesser.

Suche

Eines Tages herrschte helle Aufregung in Sankt Jürgen, von der ich allerdings nichts mitbekam. Ich muß etwa zwei Jahre alt gewesen sein. Meine Mutter hatte morgens die Schlafkammer in Ordnung gebracht und wohl nicht bemerkt, daß ich ihr hinterher gegangen war. Nachdem die Betten gemacht, die Kleider eingeräumt und die Schränke und Kommoden wieder verschlossen waren, verließ sie die Kammer. Irgendwann fing sie an, mich zu suchen. Auf ihre Rufe reagierte ich nicht. Nun wurde auch das Hausmädchen eingespannt. Von mir fehlte aber jede Spur und die große Sorge kam auf, daß ich unbemerkt aus dem Haus spaziert und nun wohlmöglich in einem der vielen Gräben ertrunken sei. Die Suche wurde ausgeweitet auf den Stall, die Kirche, den Garten und vor allem auf die umliegenden Wiesen. Auch aus dem Pastorenhaus beteiligten sich Helfer an der Suche. Meine Eltern wurden immer unruhiger. Die erfolglose Suche ging schon seit fast

21

zwei Stunden. In ihrer Verzweifelung ging meine Mutter nochmals ins Schlafzimmer. War da etwas zu hören? Sie öffnete den großen Schrank und konnte nur schwer einen Schrei aus Schreck und großer Freude unterdrücken. Mit meiner schönen Schleife im Haar saß ich still und versunken mitten im großen Schrank und guckte mit großen Augen meine Mutter an, als wenn ich fragen wollte „wozu die ganze Aufregung, ich war doch die ganze Zeit hier". Ich mußte wohl eingeschlafen sein.

Fahrrad

Mein erstes Fahrrad bekam ich mit fünf Jahren. Meine Eltern hatten es beim Händler Köster in der Bremer Neustadt gekauft. Das war ein Traum für mich. Die eigene Freiheit schien mir nun grenzenlos, auch wenn meine Eltern natürlich sehr darauf achteten, daß ich keine zu weiten Ausfahrten allein unternahm. Aber auf den Straßen gab es ja damals noch kaum Autos. So durfte ich immerhin zu meinen Freundinnen nach Niederende und Moorhausen fahren. Auch wenn wir alle zusammen durch die Wiesen, zu Opa und Tante nach Ritterhude oder zu einem der umliegenden Höfe fuhren, war es doch ein behebendes Gefühl, selbst fahren zu können und nicht mehr im Kindersitz mitfahren zu müssen. Manchmal fuhr ich mit meinen Eltern nach Höftdeich, zur heutigen Gaststätte "Wümmeblick", wo wir uns ins Blockland übersetzen ließen, um den dortigen Lehrer und Kollegen meines Vaters zu besuchen.

An eine der frühen selbständigen Touren werde ich noch heute unangenehm erinnert. Mit kurzem Rock und blanken Knien stürzte ich auf dem langen Jammer zur Landstraße auf den harten Schotter. Bis heute habe ich einige kleine blaue Schottersteinchen unter der Haut meiner Knie.

Turmbesteigung

Unser kleiner Kirchturm ragte für mich bis in den Himmel. Ich wollte unbedingt einmal hoch in die Spitze klettern, um den Wolken ganz nahe zu sein und wohl auch, um mein kleines Reich von oben überblicken zu können. Leider war mir das Klettern im Glockenturm streng vorboten. Und Opa Blendermann achtete immer sehr darauf, die Tür zur

Treppe wieder zu verschließen, wenn er vom Glockenläuten herunter kam. So stieg ich ihm als einzige Möglichkeit eines Tages leise hinterher. Mit jeder Stufe wurde mein Magenkribbeln doller und der Pulsschlag schneller. Ich wollte unerkannt die Aussicht genießen und das Vibrieren der Glockenschläge spüren. Bis ganz nach oben kam ich dann aber doch nicht. Trotz seines Alters waren Opa Blendermanns Augen und Ohren noch gut genug, mich zu bemerken. So mußte ich denn bekümmert auf halber Strecke wieder langsam hinabsteigen. Der Traum der Turmbesteigung blieb unerfüllt. Um so sehnsuchtsvoller und fasziniert beobachtete ich später den mutigen Handwerker, der zur Reparatur unseres Wetterhahns wie ein Akrobat auf einer Stange über der Kirchturmspitze balancierte. Was für ihn alltägliche harte Arbeit war, schien für mich wie ein Traumberuf zwischen den Wolken.

Bootsfahrten

Zum Inventar des Hauses gehörte ein Boot, das hinterm Garten im Fleet lag und das mich reizte. Ich durfte aber nicht allein damit fahren. Gelegentlich nahm mich mein Vater mit zu kleinen Ausflügen in die Wiesen. Ich saß dann ganz stolz vorne, ließ die Kühe und die leuchtend gelben Sumpfdotterblumen an mir vorbeiziehen und versuchte, eine der vielen Seerosen für meine Mutter zu pflücken - Kinderseligkeit.

Badetag

Einmal in der Woche – meistens am Sonnabend – war Badetag. Unsere große Zinkwanne stand dann mitten in der Küche, in der es vom Herdfeuer mollig warm war. Das Wasser wurde nebenan in der Waschküche erhitzt und dann mit Eimern in die Küche getragen. Ich wurde tüchtig eingeseift, geschrubbt und gebürstet und anschließend in ein großes Handtuch eingemummelt. Baden war etwas Besonders, auch wenn es mit heutigem Badekomfort sicher nicht zu vergleichen ist – Duftshampoos, Peelings oder

Brausetablette gab es damals nicht. Und doch fühlte man sich sauber und erfrischt.

Für die tägliche Körperwäsche hatten wir im elterlichen Schlafzimmer eine Waschkommode, mit schöner Marmorplatte und blumengeschmückter Schale und Kanne aus Porzellan. Neben dem Waschtisch stand für das benutzte Wasser der Toiletteneimer und in jedem Nachtschrank gab es für nächtliche Notbedürfnisse ein Töpfchen.

Bettzeit

Für kleine Kinder war der Abend auch damals schon kurz. Immer, wenn es gerade gemütlich wurde und die Gesprächsthemen der Erwachsenen interessanter, brachte meine Mutter mich ins Bett. Ich habe noch lange bei meinen Eltern im Schlafzimmer geschlafen. Nur als meine Cousine Magdalene aus Intschede für ein Jahr bei uns in Sankt Jürgen lebte, schliefen wir beide zusammen oben. Zu meiner Freude sollte die nur eineinhalb Jahre Ältere bei meinem Vater Unterricht bekommen.

Intschede

Zu besonderen Geburtstagen kamen unsere Verwandten aus Intschede nach Sankt Jürgen. Mein Onkel Hermann besaß schon früh ein Auto. Damit hat er uns auch abgeholt, wenn wir in die Ferien nach Intschede fuhren. Nur in der ersten Zeit sind wir noch mit dem Zug gefahren. Opa Blendermann brachte uns mit unserem Schimmelgespann zum Ritterhuder Bahnhof. Und in Verden wurden wir wieder mit Pferd und Wagen abgeholt. In den Ferien waren wir immer zuerst in Intschede und in der zweiten Hälfte auf dem Hof der Schwester meines Vaters im nahegelegenen Rieda.

Bedürfnis

Eines Tages waren meine Eltern bei einer Familie in Moorhausen eingeladen. Die hatte neu gebaut und wollte nun, wie das üblich war, die Einweihung gemeinsam mit ihren Nachbarn feiern. Nach dem Festessen hatte meine Mutter ein Bedürfnis und fragte eine Bäuerin nach der Toilette. Die Antwort war überraschend und in dieser

Situation völlig unbefriedigend: „Ach, Fro Müller, dat hebbt se noch gar nich, de mut ers noch buen warrn. Gohn se man achtern Busch!"

Grabenfahrt mit Hut

Ende der 1920er Jahre waren Zeppeline noch eine besondere Attraktion – für Groß und für Klein. So plante mein Vater eines Tages, mit seinen Schülern nach Bremen zu fahren, um eines dieser riesigen Luftschiffe aus der Nähe zu bestaunen. Auch meine Mutter sollte mitkommen und mußte dazu wohl nicht lange überredet werden. Mit Freude machte sie sich „ganz auf Stadt" zurecht. Sie zog ein schönes Kleid über und setzte sich ihren neuen Hut auf, der ihr ganzer Stolz war. Mein Vater, die zeitintensivere Vorbereitung meiner Mutter wohl ahnend, war mit uns Schülern schon zu Fuß Richtung Ritterhuder Bahnhof vorgegangen. Meine Mutter sollte dann mit dem Fahrrad folgen. Die allgemeine Aufbruchstimmung hatte aber auch unseren Hund „Prinz" angesteckt. Der wollte nicht zurückbleiben, als meine Mutter endlich startete. So fuhr meine Mutter den Moorkampsweg in Begleitung eines übermütigen Aufpassers entlang. Prinz wich ihr nicht von der Seite. Kurz vor Ritterhude passierte das unvermeidliche: die Wege von Hund und Fahrrad überschnitten sich, meiner Mutter blieb nichts, als in letzter Sekunde den Lenker umzureißen. Sie verlor die Balance und landete direkt im Graben. „Min Hoot, min Hoot", schrie sie, aber niemand konnte helfen. Plitschnaß und verdreckt aber wie durch ein Wunder trockenen Hutes gelang es ihr schließlich, sich zu befreien. Aber das Rad steckte hoffnungslos fest. Der Stadtausflug schien für meine Mutter geplatzt. Für einen Kleiderwechsel in Sankt Jürgen war die Zeit nun viel zu knapp, zumal ohne Fahrrad. Aber in der Not kam meiner Mutter eine Idee. Sie eilte zur nahen Ritterhuder Schleuse, wo noch ihre Schwester Anna wohnte. In deren trockenen Kleidern ging es dann weiter zum Bahnhof. Gerade noch rechtzeitig erreichte meine Mutter unseren Zug. An ihren Hut denke ich noch heute, den Zeppelin habe ich längst vergessen.

Bei Murkens

Fasching oder heutige Verrücktheiten wie Halloween waren uns damals völlig unbekannt. Verkleidet haben wir Kinder uns dennoch gern und oft. Besonders für uns Mädchen waren Kleiderwechsel eine willkommene Abwechselung. Mit meinen Freundinnen, dem Zwillingspärchen Magda und Berta Murken, spielten wir immer wieder "Bauer und Bäuerin". Der Rollentausch war dann aber doch ziemlich festgelegt: meistens wollte oder durfte ich die Großmagd geben, die in Holschen und Sackschürze mit Eimer und Schubkarre arbeitete und den Haushalt führte. Altes Zeug fanden wir in den Alkoven. In der Murkenschen Diele, in der Scheune, im Stall oder unter freiem Himmel ahmten wir dann die Welt der Großen nach. Waren wir bei uns in Sankt Jürgen, spielten wir oft "Mutter und Kind" in dem großen Zimmer im Obergeschoß.

Murkens Hofstelle lag in Niederende. Kamen wir von Ritterhude, machten wir oft „Station" bei Murkens. Vaters Leidenschaft war das Kartenspiel. So manchen Abend, wenn das Vieh versorgt war, kloppte er in Murkens Stube bei Zigarren, Bier und Grog mit den anderen Männern aus dem Ort Karten. Mit der herzlichen Anweisung "nu geef dat wat to Eten" lud Oma Murken uns zum Bleiben ein. Widerspruch wäre zwecklos gewesen. Zu vorgerückter Stunde kam ich dann in "die Rotkarierten" zu meinen Zwillingsfreundinnen. Nicht nur wegen der himmlischen Betten blieb ich auch an Wochenenden gern über Nacht bei Murkens. Am Sonntag gab es Oma Murkens unvergeßlichen Braten mit Kürbis, Kartoffeln und einer Sauce, auf der eine daumendicke Fettschicht schwamm.

Sandkuchen

Jeden Sommer gab meine Mutter für Ihre Ritterhuder "Damen" eine große Kaffeegesellschaft. Entweder im Eßzimmer oder bei schönem Wetter im Garten. Wir Kinder saßen dann auch draußen, vor dem Schulraum. Den angebotenen Sandkuchen lehnte ein Junge aber entschieden ab: "Das eß ich nich, wenn da Sand in is!"

Die Weinprobe

Mein Vater setzte öfter Obstweine an. Eines Tages sollte nun ein neuer gekostet werden. Da traf es sich gut, daß gerade zwei ideale Koster in Sankt Jürgen waren: Vetter Willi Müffelmann aus Mittelbauer sowie der Polizist Kipp aus Ritterhude. Beide mußten nicht lange überredet werden und sprachen dem jungen Wein gern und reichlich zu.

Die gemütliche Weinprobe endete für die beiden Besucher schließlich am Gartenzaun. Über den strebte der Wein zurück in die Freiheit. Mein Vater stand etwas abseits und lachte in sich hinein. Meine Mutter nahm ihm diesen Akt der Gastlichkeit noch Wochen übel.

Entenjagd

Im Herbst begann die Zeit der Entenjagd. Auch mein Vater ließ sich dann durch die Bauern vom Jagdfieber anstecken. Schließlich waren Wildenten eine begehrte Delikatesse und brachten Abwechselung auf den sonntäglichen Speiseplan. Meinem Vater ging es bei der Jagd jedoch wohl mehr um die entspannende Ruhe. So brach er eines Tages gutgelaunt zur Jagd auf. Die Wiesen waren überflutet, so daß mein Vater schon an unserer Gartenmauer mit dem Boot ablegen konnte. Nach gemächlicher Fahrt erreichte er schließlich sein Ziel – eine der vielen allein für die Entenjagd errichteten Strohhütten auf einer der unendlichen Wiesen. Erst als er es sich so recht bequem gemacht hatte, bemerkte er das Fehlen eines für eine erfolgreiche Jagd wichtigen Utensils. Sein Gewehr war im heimischen Schrank geblieben. Ohne Trophäe, aber keineswegs schlechtgelaunt, mußte er schließlich die Heimfahrt antreten. Die Enten hat es gefreut und meine Mutter nahm ihm diese Vergeßlichkeit auch nicht übel.

Jan der Landstreicher

Zu den Erinnerungen an meine frühen Kindheitsjahre in Sankt Jürgen gehört ein Landstreicher mit dem Namen Jan. Sobald der erste Frost kam, stand Jan bei uns vor der Tür, ausgerüstet nur mit Hut, Rucksack und Wanderstock. Verlaust wie er war, gehörten ein gründliches Bad und das Verbrennen seiner Lumpen zum jährlichen Aufnahmeritual, auf dessen strikte Befolgung meine Mutter achtete. Neu eingekleidet mit leicht abgetragenen Sachen meines Vaters gehörte er dann zur erweiterten Familie. Er schlief auf dem Heuboden, aß in der Küche und ging meinen Eltern beim Holzhacken, Füttern und Ausmisten oder durch kleinere Reparaturen zur Hand. Wie Jan mit vollem Namen hieß, woher er kam und wohin es ihn weiter zog, wenn der Frühling seine Boten schickte, frage ich mich noch heute.

Land unter

Jeden Winter und Herbst hieß es „Land unter Wasser" – bis auf die Hofstellen. Auch die „Insel im Grünen" war dann nur noch schwer erreichbar. Die Schulkinder und Kirchgänger erreichten uns nur noch im Boot. Für mich war es immer sehr spannend, wenn wir an die Landstraße nach Niederende rudern mußten. Bei starkem Frost war alles vereist. Dann wurde Sankt Jürgen für die Bremer

Schlittschuhläufer ein beliebtes Ziel. Nach dem kilometerlangen eisigen Gleiten über die Semkenfahrt konnten sie sich bei uns im Schankraum mit Grog und Korn aufwärmen. Nach seinem Tagewerk schnürte auch mein Vater die Schlittschuhe unter und schlitterte meine Mutter und mich mit Krücke und Decken versorgt nach Niederende „ton Kortenspeelen". Zum Abendbrot gab es leckere Bratkartoffeln mit Kürbis. Wenn ich müde wurde, packte man mich auf's Sofa. Vor mir saßen die Kartenspieler und räucherten mich ein. Bei Mondenschein schlitterte mein Vater uns wieder heimwärts nach Sankt Jürgen.

Keen Buten

Nach einem Übernacht-Besuch in Bremen mit der Oma, wurde der kleine Johann gefragt: „Wie weer dat denn inne Stadt". „Och, ganz schön, ober dor geef jo gor keen Buten!"

Hochzeit in Ostfriesland

Einer der Sankt Jürgener Bauern hatte sich für eine Braut aus Ostfriesland entschieden. „De har ornlich wat unnere Fööt", hieß es in der Gemeinde als Begründung. Mit viel Aufwand wurde die Hochzeit in der Heimat der Braut gefeiert. Es war eigens ein großer Bus bestellt worden, um die zahlreiche Sankt Jürgener Festgemeinde nach Ostfriesland zu kutschieren. Unsere Familie wurde durch meine Mutter vertreten. Bei nächster Gelegenheit fragte eine Bäuerin, die selbst nicht dabei gewesen war, neugierig: „Nu vertellt mol. Wie weert denn up de Hochtiet." „Och, dat weer wunnerbar. Wie hebt de ganze Nacht Kobol supen" (Bowle).

Beerdigungen

Alles Verbotene hat seinen besonderen Reiz. Hat es dann
noch mit Tod oder Unheimlichem zu tun, ist es für Kinder
geradezu unwiderstehlich. Meine Eltern hatten mir strikt
verboten, die Beerdigungen in Sankt Jürgen zu beobachten.
Ob aus Sorge um den kindlichen Gemütszustand oder aus
Rücksicht auf die Trauernden – sie hielten es jedenfalls für
unangebracht, daß ich während der Beerdigungen mit
offenen Augen und Ohren am Fenster oder Gartenzaun
stand. Ich sollte in dieser Zeit brav in meinem Zimmer
spielen. Da mein Vater als Organist durch den Gottesdienst
eingespannt war und meine Mutter sich selbstverständlich
in die Trauergemeinde einreihte, konnten sie die
Einhaltung ihres Verbotes aber kaum überwachen. So war
es für mich keine große Kunst, auch unseren viel
beschäftigten Hausmädchen zu entwischen und immer
wieder aufs neue meinen Logenplatz am Fenster des
Heubodens einzunehmen.

Die Trauerfeiern fanden in den großen Dielen der Höfe
statt, wo die Toten auch aufgebahrt wurden. Danach zog
die Gemeinde nach Sankt Jürgen, zu Fuß oder per

Kutschen. So sah ich dann die Trauerzüge langsam und schweigend den Langen Jammer zur Kirchwarft heraufkommen, den Sarg auf einem Fuhrwerk vorweg, schwarz gekleidete und ernstblickende Männer und Frauen von allen Höfen und Ortsteilen hinterher. Besonders im Herbst, wenn noch Nebelschwaden über den umliegenden Weiden lagen, hatten diese Züge etwas Gespenstisches. Aus meinem Versteck konnte ich beobachten, wie der Trauerzug sich langsam noch einmal um die Kirche bewegte, wie zu einer Abschiedsrunde. Meistens war der Zug so lang, daß die Sargträger die hintersten Trauernden überrundeten, bevor sie das von Opa Blendermann ausgehobene Grab erreichten.

Nach der Ansprache des Pastors und der Bestattung gab es in der Kirche noch einen Gedenkgottesdienst. Erst danach hatte man endgültig Abschied genommen vom Verstorbenen. Mir prägte sich dieses Bild ein, daß weinende und schluchzende Menschen in die Kirche gingen und nach einiger Zeit gefaßter wieder herauskamen. Dazwischen hörte ich das vertraute Orgelspiel meines Vaters und das Singen unverständlicher Lieder. Was immer in der Kirche passierte, es führte offensichtlich dazu, daß die Erwachsenen ihre Fassung wiedererlangten und es ihnen besser ging als vorher. Mochte ich mich auch jedesmal aufgeregt und mit Magenkribbeln auf den Heuboden schleichen, am Ende blieb bei mir nie Beklommenheit zurück. Ich dachte nur: „Wenn Kinder weinen, tröstet sie die Mama, wenn Erwachsene weinen, die Kirche".

Knochenschreck

Der Tod gehörte in Sankt Jürgen nicht nur durch die häufigen Beerdigungen zum Jahreslauf. Wie damals überall auf dem Lande wurden Alte und Kranke nicht abgeschoben, sondern in den Familien bis zum Tode gepflegt und umsorgt. Sie starben nicht einsam und anonym, sondern inmitten der Gemeinschaft. Genau so wurde auch von ihnen Abschied genommen. Jeder meiner Mitschüler und Spielkameraden hatte schon einmal einen toten Menschen gesehen – Großeltern, alte Mägde und Knechte, Onkel und Tanten. Ich glaube, daß wir Kinder schon früh ein natürliches Verhältnis zur Endlichkeit des Lebens entwickeln konnten. Nur einmal ging mir die „Natürlichkeit" denn doch ein bißchen zu weit. Während der großen Renovierung unserer Kirche gab es auch Erdarbeiten im Innenraum. Dabei stieß man direkt vor dem Altar auf alte Gräber, in denen man noch menschliche Knochen fand – wahrscheinlich von früheren Pastoren oder vielleicht sogar tapferen Rittern, wie wir Kinder uns das ausmalten. Unser damaliger Diakon, der für ein Jahr Station in Sankt Jürgen machte und mit bei uns im Haus wohnte, machte sich nun einen besonderen Spaß daraus, mich und meine Freundin mit diesen Knochen zu erschrecken. Er schlich zu uns ins Spielzimmer in der ersten Etage und sprang mit einem verlängerten „Knochenarm" zur Tür herein. Unser Schreck blieb nicht aus und einen kleinen Schrei konnten wir Mädchen uns auch nicht verkneifen. Ob der Diakon die menschlichen Überreste nach diesem schwarzen Schabernack wieder mit aufgesetzt pietätvoller Miene bestattet hat, weiß ich nicht mehr. Die alten Knochen werden ihm diese Abwechselung von ihrer ewigen Ruhe jedenfalls bestimmt schnell verziehen haben, so wie meine Freundin und ich. Unseren Eltern haben wir davon vorsichtshalber aber nichts erzählt. Und der Diakon wohl auch nicht.

Rattenplage

In der ersten Zeit in Sankt Jürgen kam es immer wieder zu unheimlichen und unerwünschten Begegnungen mit Ratten, vor allem auf dem Weg zum Stall. Meine Mutter fürchtete sich besonders nachts, wenn sie ein Bedürfnis hatte und den langen Stallflur entlang zum Stillen Örtchen mußte, vor den ungebetenen Gästen. Erst als sich mein Opa aus Intschede bei einem seiner längeren Aufenthalte der Sache annahm, wurde das Problem gelöst. Seine Methoden vertrieben zwar die Ratten, uns aber auch den Appetit. Er warf eines Tages ein vollbesetztes Rattennest kurzerhand auf den Misthaufen – zur Freude der jungen Hähnchen, die sich sofort darauf stürzten. Mein Opa wußte, daß am nächsten Sonntag knusperige Hähnchen auf den Tisch kommen sollten. Und so wünschte er meinen Eltern dann beim Abendbrot ganz unschuldig einen schönen Sonntagsschmaus, um gleich hinterher seine erfolgreiche Tat der Schädlingsbekämpfung zu schildern. Der Speiseplan für den Sonntag wurde von meiner Mutter dann rasch geändert und die Hähnchen konnten noch mindestens ein halbes Jahr völlig unbehelligt picken, scharren und krähen.

Orgelspiel

Wenn mein Vater an Sonn- und Feiertagen die Orgel spielte, saß ich oft bei ihm oben auf einer kleinen Bank. Ich zählte die Hüte der Damen oder die Glatzen der Herren und beobachtete die Gemeinde. So mancher Gottesdienstbesucher mußte nach der harten Wochenarbeit in der Kirche mit seiner Müdigkeit kämpfen. Köpfe sackten immer wieder zur Seite oder nach vorn, bevor ein sanfter Stoß der Nebensitzenden die Aufmerksamkeit zurückbrachte. Und auch ich selbst ließ mich von der schönen Musik und der mir unverständlichen Predigt oft einlullen und schlummerte weg, mit einem Gefühl tiefer Geborgenheit.

Schwesterfreuden

Im November 1929 wurde meine Schwester Gisela geboren – wie ich selbst sieben Jahre zuvor im Großen Krankenhaus in Bremen. Mein Vater und ich fuhren jeden Tag mit dem Fahrrad zum Ritterhuder Bahnhof und von dort weiter mit dem Zug nach Bremen. Am Hauptbahnhof wurde dann eine große Tüte Brötchen gekauft, die dick mit Butter bestrichen waren. Die freundlichen Schwestern in der Klinik brachten zu unserem Familienpicknick noch eine große Kanne frisch aufgebrühten Kaffee – so viel Service war damals möglich. Durch diese Annehmlichkeiten und den täglichen aufregenden Ausflug in die große Stadt war mir meine kleine Schwester von Beginn an herzlich willkommen. Obendrein kaufte mein Vater für die Rückfahrt beim Obststand auch noch immer zwei leuchtend gelbe Bananen für mich, die zu der Zeit wirklich etwas Besonderes waren.

Bei einer Vertretung für die Sonntagspredigt brachte der Ritterhuder Pastor Degener seine kleine Enkelin Hannele mit. Während des Gottesdienstes blieb sie bei meiner Mutter im Küsterhaus. Mit immer größer werdenden Augen bestaunte sie meine Mutter beim Stillen meiner kleinen Schwester: "Is da immer noch was drinne?"

Ich war eine stolze "große" Schwester und konnte es kaum erwarten, den Babywagen schieben zu dürfen. Als meine Eltern eines Tages nicht zuhause waren und ich mit Magdalena und Gisela einen kleinen Spaziergang unternahm, konnte ich meine ältere Cousine mit großer Mühe überreden, mich einmal schieben zu lassen. Aber meine Schwesterliebe war wohl etwas zu heftig. Ich lehnte mich auf den Bügel, so daß der Wagen umkippte und meine Schwester auf den Schotterweg stürzte. Nun war das Geschrei groß, nicht nur bei Baby Gisela. Meine Cousine schimpfte tüchtig mit mir, wohl weil sie sich verantwortlich fühlte und den Zorn meiner Eltern fürchtete. Auch unser Hausmädchen Gesine war außer sich. Meine Schwester selbst hatte sich am schnellsten von allen wieder beruhigt, auch wenn eine deutliche Schramme zurückgeblieben war.

Meine Schwester war hart im Nehmen – gelegentlich auch im Geben. Ideale Voraussetzungen für das Leben auf dem Lande! Ihre Tierliebe und Naturverbundenheit bewies sie, als sie einige Zeit später mit Wonne kopfüber aus dem Napf unserer Katze aß, die über diese Konkurrenz sichtlich irritiert war.

Sibirischer Winter

Der Winter 1929 war außergewöhnlich kalt. Das blanke Eis stand an den Schlafzimmerwänden meiner Eltern. Kachelöfen gab es nur im Wohn- und Eßzimmer und im Schulraum. Dort standen auch die Wiege und der Wickeltisch für meine frisch geborene Schwester und ein Matratzenlager für meine Mutter. Mein Vater schlief auf einer Matratze und ich auf dem Sofa im Wohnzimmer, unser Hausmädchen hatte eine warme Schlafstatt im Klassenzimmer.

Geflickt und aufgesetzt

Die Menschen im Sankt-Jürgensland sprechen eine schnörkellose und ehrliche Sprache und kommen gern direkt zur Sache. Diese sympathische Ader kann manchmal aber auch zu unfreiwilliger Komik führen. Legendär wurde eine Rechnung, die Schustermeister D. an Bauer M. schickte: „Hinni vorne geflickt und Jan hinten einen aufgesetzt". Ich bin mir sicher, daß die Kosten schnell beglichen wurden – und darauf kam es ja schließlich an.

Obstgrab

Die pragmatische Einstellung zum Leben zeigt sich auch in einer anderen Geschichte, die aus der damaligen Zeit kursiert. Da der Tod oft plötzlich und unerwartet kam und Beerdigungsinstitute auf dem flachen Land nicht weit verbreitet waren, wurden auf vielen Höfen Särge vorgehalten. Die lagen meistens auf den Wiemen-Böden über den Ställen. Und da die leeren Särge kühl lagen und innen trocken und dunkel waren, kam irgendwann jemand auf die Idee, das Trockenobst darin zu lagern. Und wenn dann jemand starb und wegen Bodenfrost nicht gleich beerdigt werden konnte, legte man ihn einfach in einen Sarg daneben oben auf dem Wiemen. Es passierte, was kommen mußte. Eines Tages nahmen die Träger den falschen Sarg vom Wiemen und sorgten ungewollt für die christliche Bestattung von Backpflaumen und Äpfeln. Der tragische Irrtum wurde erst bemerkt, als einige Tage später statt der Leckereien ein friedlich schlafender Toter aufgedeckt wurde. Diese Geschichte erzählten meine Eltern jedenfalls immer wieder.

Nikolauslaufen

Wie in Bremen üblich, liefen auch wir Sankt Jürgener Kinder am Nikolausabend von Hof zu Hof und trugen im Chor brav das bekannte „Ick bin son lüttjen König, geewt mi nich to wenig, laat mi nich to lange stahn, denn ick mut noch wietergahn..." vor. Danach gab es für alle Kekse, Äpfel und Nüsse.

Weihnachten

Heiligabend begann für uns mit dem Gottesdienst um 18.00 Uhr, in dem mein Vater die Orgel spielte. Zunächst sorgte Opa Blendermann mit seinem Glockenläuten für eine schöne Einstimmung. Anschließend hat er den Blasebalg für die Orgel getreten. Ich durfte auch mit oben auf der Orgelempore sitzen. Alles war sehr festlich und erwartungsfroh. Nach der Kirche gab es bei uns ein üppiges Essen: Puter oder Gans aus der Gegend. Beschert wurde immer erst nach Tisch, unter einem großen und bunt geschmückten Weihnachtsbaum im Wohnzimmer. Nachdem meine Schwester Gisela im November geboren worden war, bekam ich Weihnachten 1929 von meinen Eltern eine Babypuppe geschenkt. Ich sollte die Babyfreuden mit meiner Mutter gemeinsam genießen – ohne meine kleine Schwester zu gefährden. Die Puppe hatte echtes Haar, das ihr meine Schwester Jahre später beim Friseurspiel abschnitt. Dazu gab es Babysachen, Windeln, selbstgemachte Luren und eine kleine Flasche. Meine Mutter hatte auf unserer alten Bauerntruhe einen Wickeltisch für meine Puppe bereitet. Und mein Opa aus

Intschede hatte sogar ein kleines Puppenbett getischlert. Diese Bescherung habe ich nie vergessen.

Der echte Worpsweder Stuhl im Kinderformat, den mir meine Tante Anna zum ersten Geburtstag geschenkt hatte, vervollständigte meine Spielecke. In die Rückenlehne des Stuhls ist ein Ölbild gearbeitet, das die „kleine Hella" zeigen soll. Mittlerweile freuen sich meine Urenkel über dieses besondere Möbelstück.

Nach dem Gottesdienst am ersten Weihnachtstag beeilten wir uns, zum Zug Richtung Verden zu kommen, um unsere Verwandten in Intschede zu besuchen. Zum Silvester-Gottesdienst mußte mein Vater ja schon wieder in Sankt Jürgen sein.

Silvester

Ich erinnere mich besonders an eine Silvesternacht. Nach dem Spätgottesdienst hatten meine Eltern zu einem "Resteessen" gebeten. Es gab etwas von dem fetten Weihnachtsputer. Und da es draußen bitter kalt war, tranken die Gäste mit heißem Grog in den Geburtstag meiner Mutter und in das neue Jahr hinein: "O, wie sünd wi Buern lusti".

Abschied

Es war ein trauriger Abschied aus Sankt Jürgen, für meine Eltern wie für mich. Die Chemie zwischen dem letzten Pastoren und meinem Vater stimmte nicht mehr richtig. So entschied die Konsistorialleitung in Stade, daß beide in andere Gemeinden wechseln sollten. Aus schulischer Sicht war es für mich sicher besser, nach Ritterhude zu ziehen. Aber nach unserem Gefühl wollten vor allem mein Vater und ich nicht weg aus Sankt Jürgen. So wurde denn auch nicht viel geredet, als der Vetter meiner Mutter, Kolonialwarenhändler Wendelken aus Ritterhude, uns eines Tages im Jahr 1931 mit seinem Wagen abholte und wir der "Insel im Grünen" ade sagen mußten.